Li me primi 101 palori

ACADEMIA SICILIANA

CADEMIA SICILIANA

N'urganizzazziuni transnazziunali senza prufittu didicata a prumòviri la lingua siciliana grazzî â ducazzioni, â ricerca e l'attivìsimu.

A transnational non-profit organisation dedicated to the promotion of Sicilian language education, research and activism.

Un'organizzazione transnazionale senza scopo di lucro dedicata a promuovere la lingua siciliana attraverso educazione, ricerca ed attivismo.

Auturi
Paul Rausch

Edituri
Salvatore Baiamonte

Pruggettu gràficu
Amy Whicker

Cullabburatura
Gaetano Mazza | Cristina Greco | Alessandra Minacori
Amir Alton Daley | Giuseppe Celardi | Loreto Misuraca | Irene Migliore

Pubblicatu di Cademia Siciliana, Inc.
Copyright © 2018. Tutti i diritti risirbati.
ISBN 9780578446479

Comu sannu tutti chiḍḍi ca pàrranu sicilianu, fari un libbru pî picciriḍḍi ca si lìmita a na palora p'ogni cosa certi voti è diffìcili. Semu assai furtunati ca nna tutta a nostra ìsula cc'è na granni diversitati linguìstica. Pi mèttiri ô postu a manera di scrìviri usamu a virsiuni dû 2017 dâ Pruposta Ortugràfica dâ Cademia Siciliana. Quannu na cosa avìa assai noma, a nostra squatra si sfurzau di truvari a varianti cchiù cumuni nna tutta a Sicilia. Pi diri a viritati, assai varianti lucali assai beḍḍi foru lassati fora, e spiramu ca Vussìa arricchirà u libbru chî palori dâ so citati. Grazzi pû So supportu mentri cuntinuamu a straminari l'alligrizza dâ nostra lingua â prossima ginirazziuni di picciriḍḍi siciliani.

Stu libbru è didicatu â nostra niputeḍḍa troppu beḍḍa, Sara Paleino;
Cu' àvi lingua passa u mari

As any Sicilian speaker may guess, creating a children's book that is limited to one word per object has at times been difficult. Throughout our beautiful island we are so fortunate to have a huge amount of linguistic diversity. In order to help normalise spelling we've used the 2017 edition of the Cademia Siciliana Orthographic Proposal. When more than one word exists for each item, our team from across the island has taken efforts to find which is the most commonly used variety for the totality of Sicily. In reality, a lot of beautiful local variants have sadly been left out, and we hope that you supplement this book with the words from your own comuni. Thank you for your support as we continue spreading the joy of our language to the next generation of Sicilian children.

This book is dedicated to our beautiful little niece, Sara Paleino;
Cu' àvi lingua passa u mari

cani
cane
dog

surci
topo
mouse

gattu
gatto
cat

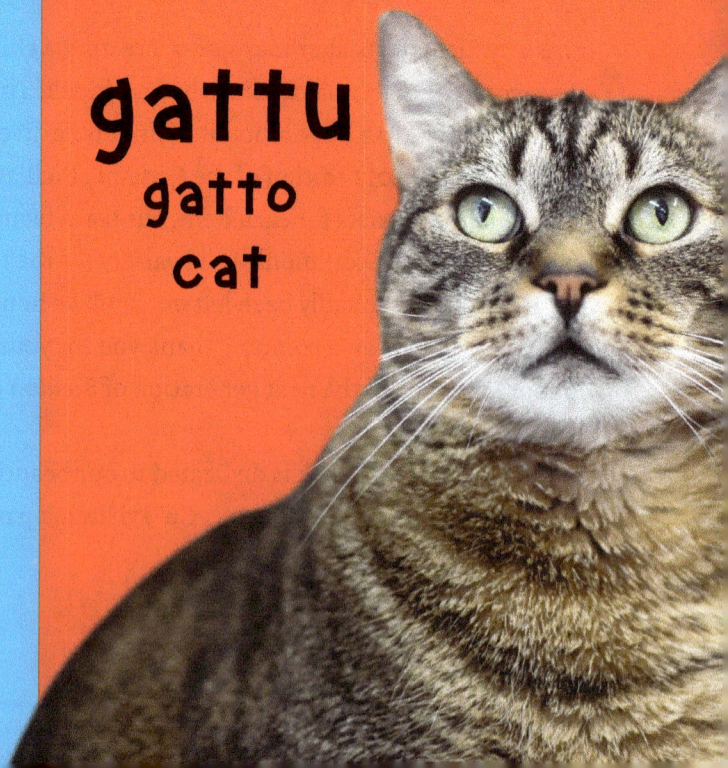

uḍḍicinu
pulcino
chick

gaḍḍina
gallina
chicken

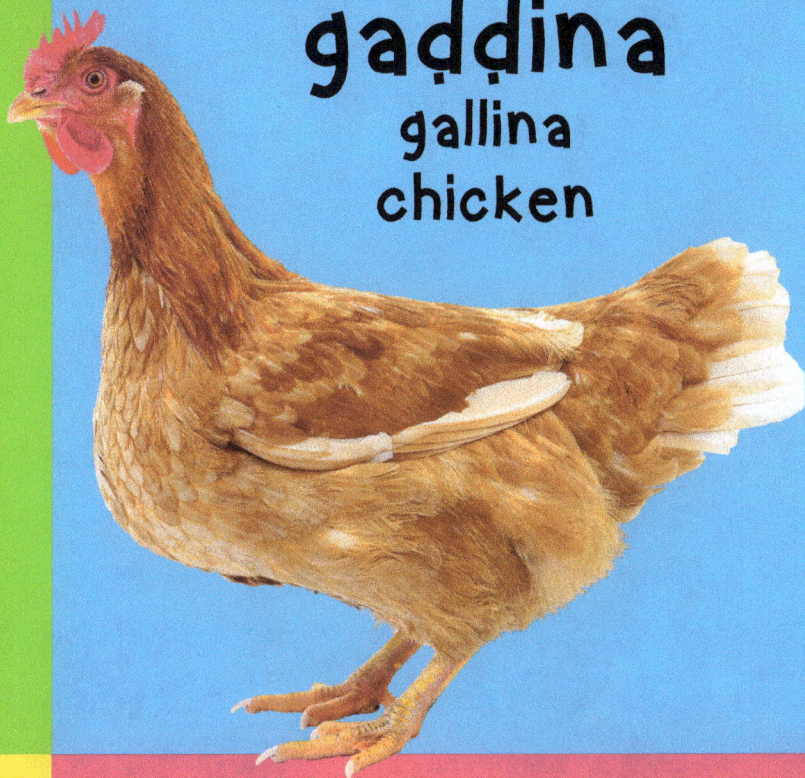

scursuni
serpente
snake

pàpara
papera
duck

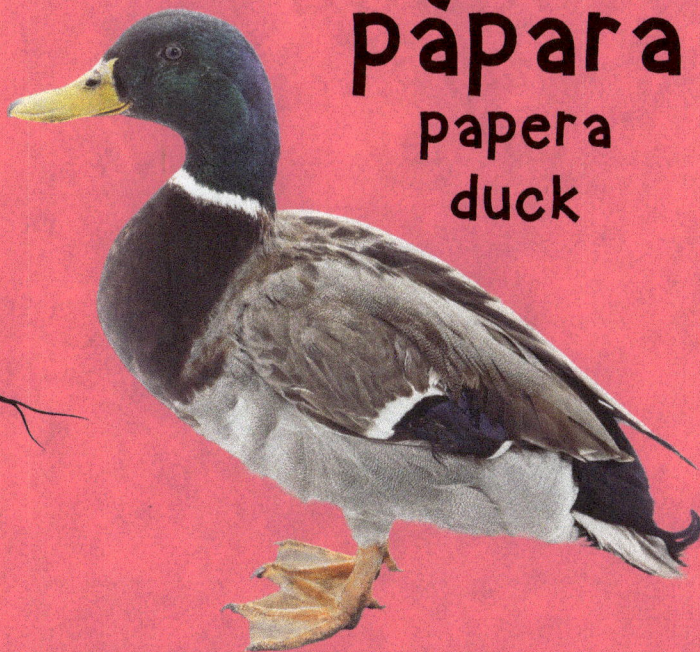

cavaḍḍu
cavallo
horse

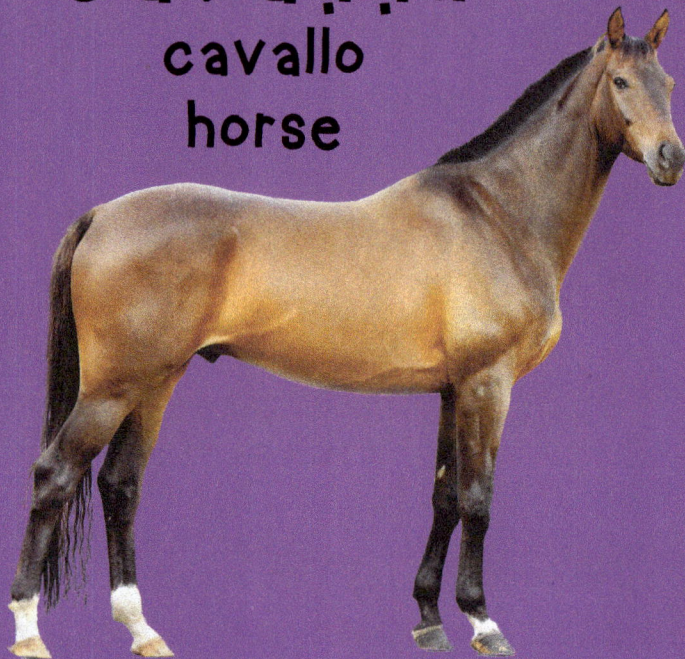

vacca
mucca
cow

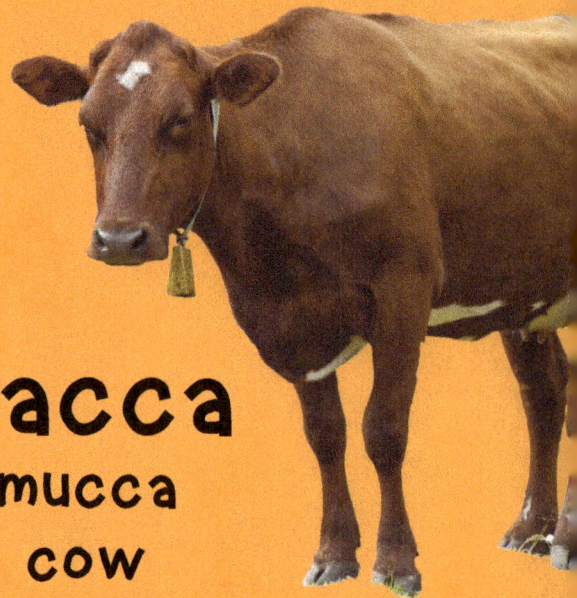

sceccu
asino
donkey

tauru
toro
bull

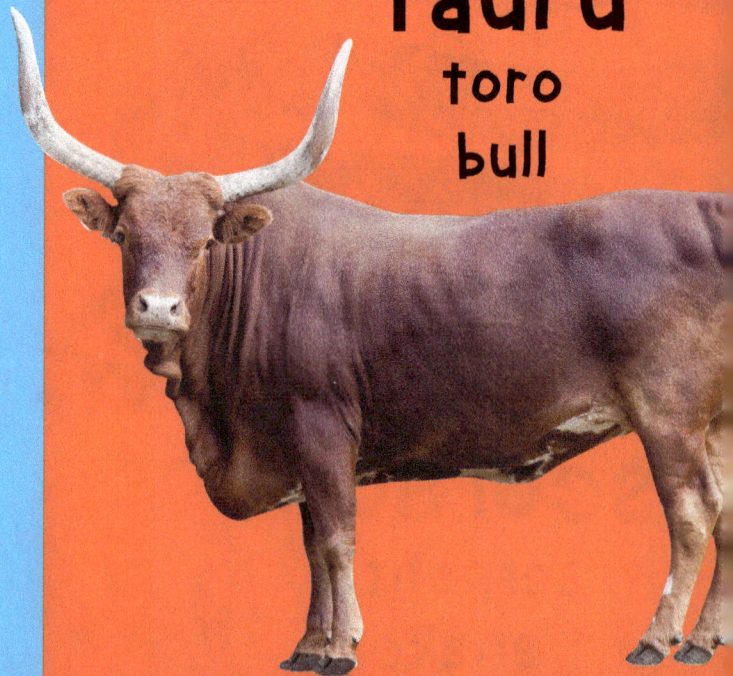

gneḍḍu
agnello
lamb

pècura
pecora
sheep

porcu
maiale
pig

crapa
capra
goat

aceḍḍu
uccello
bird

tigri
tigre
tiger

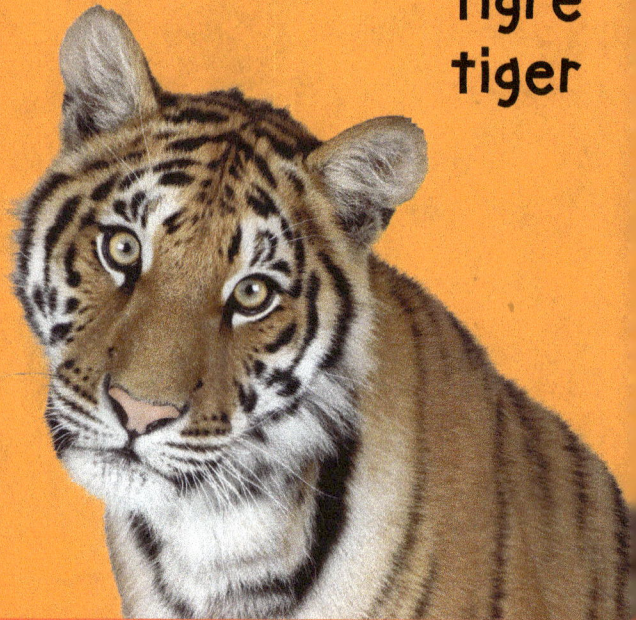

vurpi
volpe
fox

taḍḍarita
pipistrello
bat

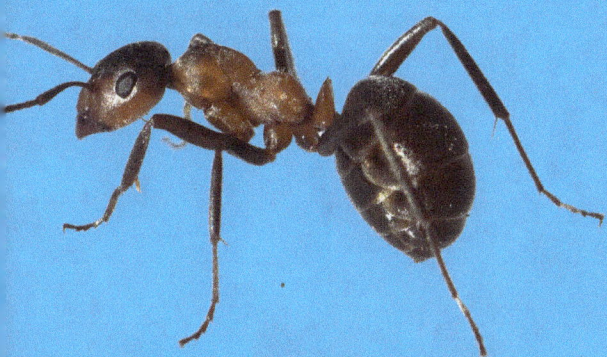

furmìcula
formica
ant

signa
scimmia
monkey

rsu
so
ear

rizzu
riccio
hedgehog

purpu
polpo
octopus

granciu
granchio
crab

scuzzara
tartaruga
turtle

pisci
pesce
fish

giurana
rana
frog

babbaluci
lumaca
snail

nanna
nonna
grandmother

nann
nonno
grandfath

vasata
bacio
kiss

niputi
nipote
grandchild

nutricu
neonato
baby

fìmmina
donna
woman

omu
uomo
man

picciottu
ragazzo
boy

ɔru
rella
ter

frati
fratello
brother

picciotta
ragazza
girl

partuallu
arancia
orange

lumì
limone
lemon

virdeḍḍu
limetta
lime

aliva
olive
olives

pumu
mela
apple

pèrsica
pesca
peach

granatu
melagrana
pomegranate

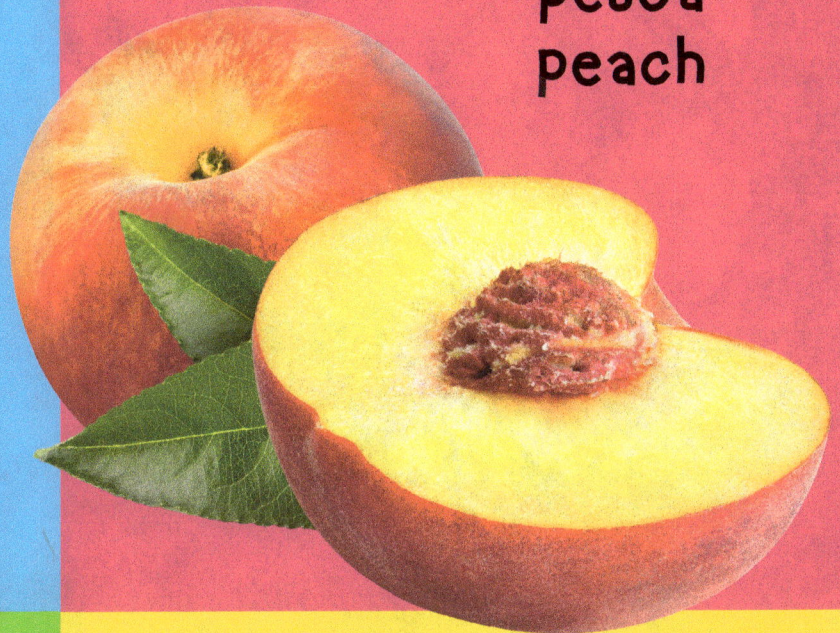

ficu
fichi
fig

nuci
noce
walnut

fastuca
pistacchio
pistachio

mènnula
mandorla
almond

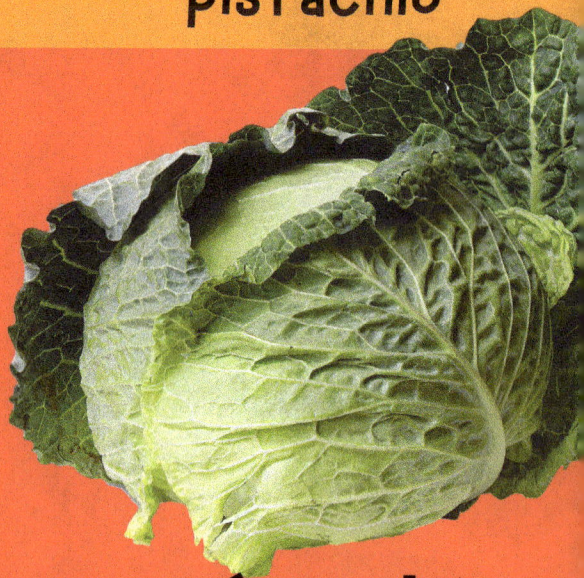

càvulu
cavolo
cabbage

finocchiu
finocchio
fennel

accia
sedano
celery

fastunaca
carote
carrots

cucuzza
zucca
squash

cipuḍḍa
cipolla
onion

milinciana
melenzana
eggplant

ovu
uovo
egg

pani
pane
bread

ficu d'Innia
fichi d'india
prickly pear

cacòcciula
carciofo
artichoke

cìciri
ceci
chickpeas

sasizza
salsiccia
sausage

racina
uva
grapes

pàssula
uva passa
raisins

nèspuli
nespole
medlar

muluni
melone
melon

pumadoru
pomodoro
tomato

cuccumèli
cachi
persimmon

cirasa
ciliege
cherries

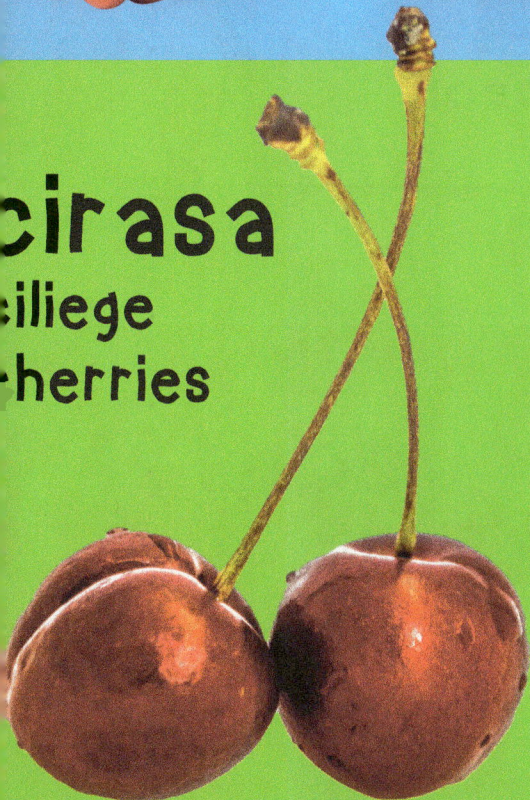

ceusi
gelsi
mulberries

chiattu
piatto
dish

cuteḍḍu
coltello
knife

cucchiara
cucchiaio
spoon

bruccetta
forchetta
fork

cìcara
tazza
cup

biccheri
bicchieri
glass

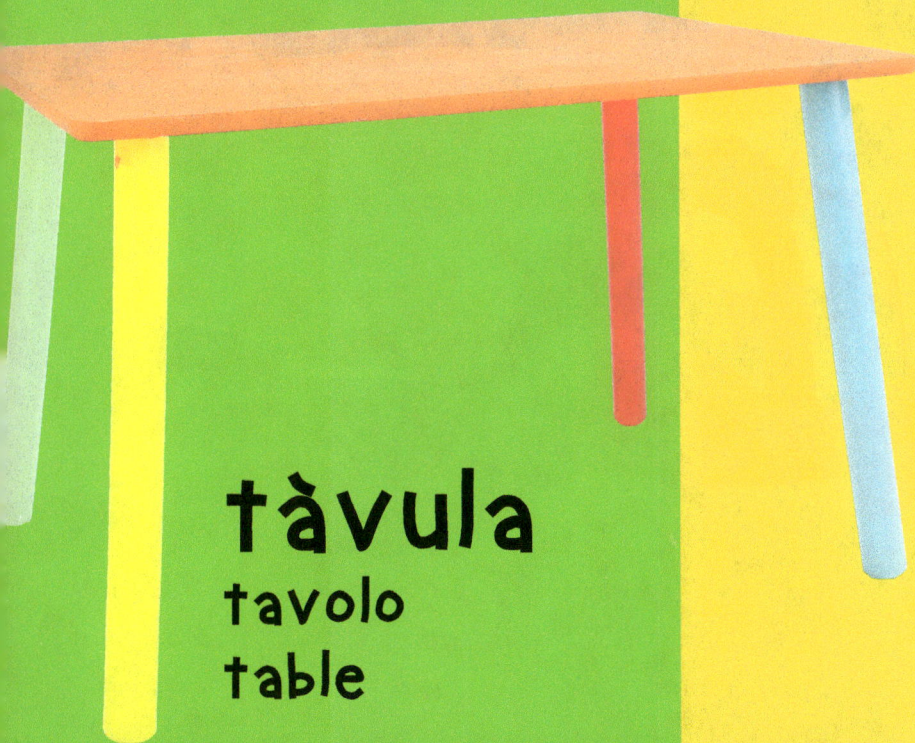

tàvula
tavolo
table

seggia
sedia
chair

ruloggiu
orologio
clock

palla
palla
ball

camiuni
camion
truck

cuperta
coperta
blanket

chiumazzu
cuscino
pillow

chiavi
chiave
key

lettu
letto
bed

tilèfunu
telefono
phone

cappeḍḍ
cappello
hat

libbru
libro
book

scarpi
scarpe
shoes

cammisa
camicia
shirt

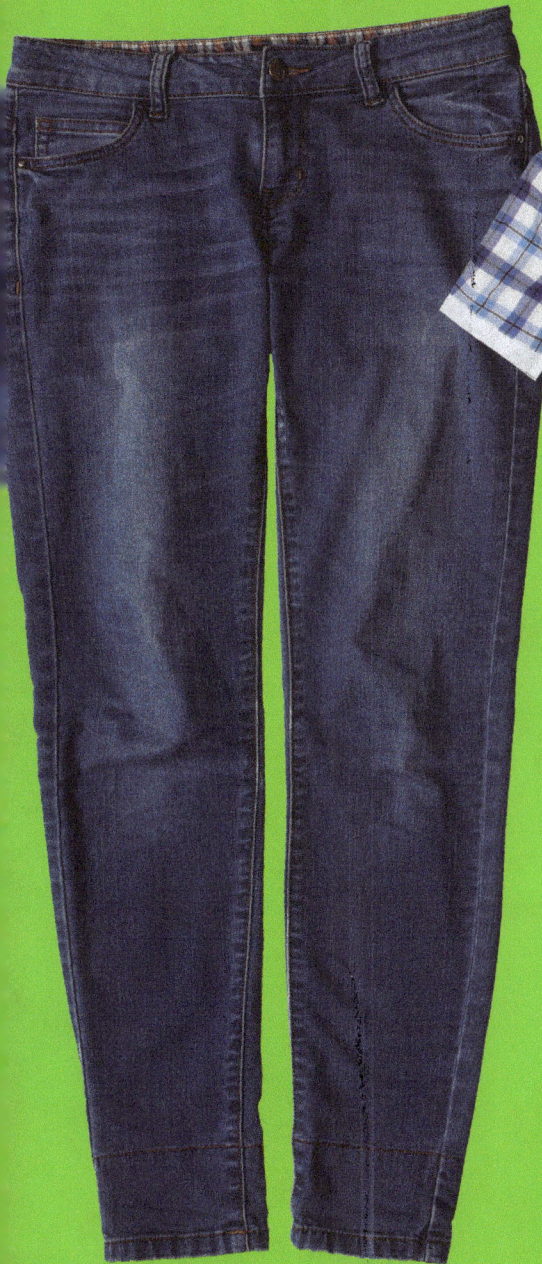

causi
pantaloni
pants

causetti
calzini
socks

màchina
macchina
car

ossu
osso
bone

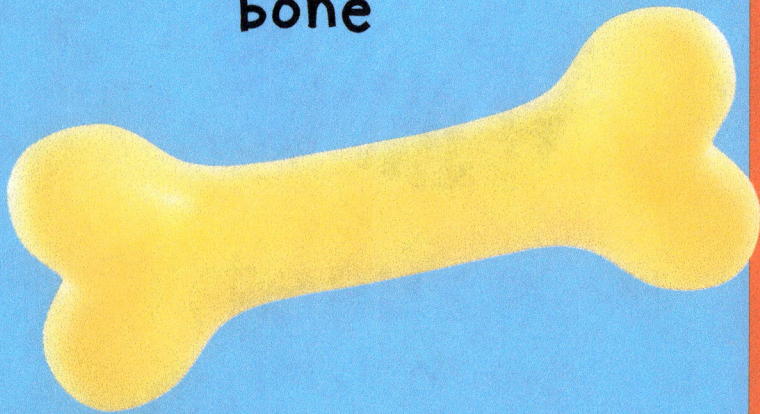

varca
barca
boat

suli
sole
sun

luna
luna
moon

ciuri
fiore
flower

stiḍḍa
stella
star

www.ingramcontent.com/pod-product-compliance
Lightning Source LLC
Chambersburg PA
CBHW062007090426
42811CB00005B/781